DIBUJAR

ESPACIOS

Angélica Hoyos

¿Y si despierto y no es real?

europa
ediciones

ISBN 9791256961276

I edición: octubre del 2025

Imagen de carátula: Laura Noguera Flórez.

Distribuidor para las librerías: **CAL Málaga S.L.**

Impreso para Italia por *Rotomail Italia S.p.A. - Vignate (MI)*

Stampato in Italia presso *Rotomail Italia S.p.A. - Vignate (MI)*

¿Y si despierto y no es real?

PARA MI PADRE:

Campesino, básico y práctico, que, aunque siempre en-
tendió mi sensibilidad como una debilidad, nunca ha
dejado de intentar ver un poco más allá.

Índice

Prólogo

31 escritos que recorren la vida del autor desde que tiene memoria, líneas y palabras cargadas de soledad, de amor y realidad.

La caducidad del tiempo que confunde la mentira con la verdad, los elementos naturales como las nubes, el cielo y el mar que amplifican y, a veces, sobrepasan las emociones del autor. El pasado como una trampa constante de nuestra vida que nos hace creer que podemos avanzar cuando, en realidad, nos deja arrastrados por el recuerdo y el arrepentimiento.

¿Y si despierto y no es real? es un recorrido en el cual el autor se desnuda y se percibe cómo ha sido el proceso más doloroso de su existencia: entender la vida misma.

En sus letras, en sus formas, se lee esta transformación.

1. Ya no existe otro final

Supe que tienes miedo, y que no quieres hablar,

que la comida tampoco te entra y que las ganas se alejaron de ti.

También me contó que prefieres no sentir, evadir y tal vez dormir,

pero que en tus sueños te encuentras con ello de lo que quieres escapar.

¡Silencio! No hables más, olvida cualquier cosa que dije porque no es verdad.

Fue verdad, pero ahora ya no lo es, ahora soy distinto, tal vez nunca nada sea verdad,

el tiempo acá es fugaz, igual que tú, igual que yo, efímero hasta el final.

Hace un minuto fuimos, pero ahora tal vez no somos más.

Ya no quiero nada, prefiero dormitar hasta que un día pueda no tener que despertar.

Prefiero pasar a lo siguiente con la esperanza de volver a comenzar,

no importa dónde, o en qué forma, tal vez una langosta que ama eternamente,

aunque no quiero morir como mueren las pobres miserables, sí quiero amar como solo ellas saben amar.

Tal vez una mariposa, para vivir breve y saber lo que es volar.

No importa cuánto sueñe,

solo quiero dejar de respirar,

pero eso también es un sueño que no se cumplirá,

porque la mía, al igual que la vida miserable de una langosta,

está condenada a acabar,

con el intenso calor de la soledad.

¡Shh! No intentes argumentar, para mí, ya no existe otro final.

2. *Las dos partes que me habitan*

Qué extraño es decir te quiero, porque no sé si te quiero,

hoy cuando caminaba, pensé en ti,

tuve por un instante unas ganas intensas de tenerte.

Qué extraño sentir que te deseo, porque no sé si te deseo,

o si quien te desea es mi mente,

da igual porque las dos me habitan,

qué extraño pensar que cuando más te quiero, tal vez,

menos me quiero y menos te quiero.

Sentir que te quiero conmigo cuando llega esa hora del día que se hace difícil transitar.

A veces pienso que no te quiero, que quien te quiere es esa otra parte que me habita,

pero da igual, porque igual me habita.

Hoy te pensé,

hoy te sentí con todas las sensaciones que un cuerpo experimenta.

Te sentí en mi pecho, pero también en mis rodillas, un poco en mis manos,

hasta llegar al límite de mis costillas y comprimir mis pulmones, como si los metieran en una bolsa y la sellarán.

Me pregunto si es eso querer, o si quien te quiere es esa otra parte que me habita,

pero da igual, porque igual me habita.

Hoy supe que me interesas, hoy reconocí que mis manos tal vez sí te quieren recorrer,

pero solo de pensar en lo que puede suceder, algo se detiene,

un corto inmediato, y de repente no siento nada.

Hoy supe que esas dos partes que me habitan quieren explorarte, desde lo más profundo,

hasta lo más superfluo, desde lo más oscuro, hasta lo más brillante.

Hoy supe que mis manos mueren de ganas de sostenerte y acariciarte,

limpiarte las lágrimas y borrar el dolor,

que mi boca solo piensa en besarte.

También dijo mi pecho que necesita sentirte.

Hoy supe que tu olor despierta los rincones más dormidos de mi cuerpo, incluso cuando no estás, y que si tu piel se encontrara con la mía, tal vez todo finalmente se detendría, y esas dos partes que me habitan se integrarían para existir libremente sin fin, en armonía.

Tal vez nunca acá, y para que acá, acá nada puede perdurar,

hoy supe que así habites en mi mente o en mi alma, da igual,

porque ellas dos me habitan.

3. El baile de las nubes

No siempre es tan claro,

no importa cuánto brille el sol,

no siempre es tan claro.

Camino sin rumbo, como si tuviera a dónde llegar o

alguien me esperara, pero en realidad no tengo a dónde ir,

y nadie me está esperando.

Ellas, que siempre me acompañan,

sin importar cuánto, poco o mucho brille el sol,

hoy no están, no las veo, parecen esconderse, como si

también estuvieran asustadas,

y si ellas no están, no hay nadie entonces que me recuerde

que esto no es más que un sueño,

que no tengo a dónde ir, o una hora que cumplir.

Entonces el cielo se hace gris, igual que mi alma, también

se apaga.

Dentro todo se nubla, pero afuera parecen desaparecer,

entonces, prefiero acostarme y dormir.

Tal vez mañana sí brilla el sol, tal vez mañana sí vengan

a bailar a su alrededor,

con su baile lento y pausado, tranquilo e infinito, el baile que me recuerda que no tengo a dónde ir, ni una hora que

cumplir, tampoco un fin, porque el fin no es más que el

deseo de existir, como ellas que solo existen mientras bai-
lan, vienen y van, y aunque a veces no las pueda percibir,

están ahí, para recordarme que no tengo a dónde ir,

nada más que existir.

4. El baile de las nubes vol. II

No prometemos ayudarte a escapar de ti, dicen,

pero prometemos hacer silencio junto a ti,

y aunque no siempre bailaremos junto al sol para iluminar tus pasos,

siempre estaremos allí.

Recuerda que no siempre hay un lugar a dónde ir,

o una hora que cumplir,

y que mientras tu atención se encuentre allí,

siempre escucharás nuestro susurro,

ya sea en forma de viento,

ya sea en forma de luz,

o a veces, desde la oscuridad absoluta de un corazón en busca de algo que ya permanece allí.

5. *Puedo intentar*

No puedo prometerte escapar de ella,

o de ti,

pero puedo intentar.

Mirar y no saber lo que se ve.

Es alguien, es otro, soy yo.

Son formas sobrepuestas.

Veo cómo se mueve aquello que está ahí,

no se siente, solo se ve.

No se entiende, no me gusta, me disgusta.

Es tan grande, es tan chico.

Cambia de acuerdo al sentir.

Está ahí, lo veo y lo puedo tocar,

orbita en mí, pero no lo conozco.

Se siente afuera, se siente otro, se siente ajeno, se siente
mal.

Se ve cansado, se ve agotado, algo derrotado.

¿Tiene vida?, ¿a quién le pertenece?

A nadie, parece solo y desorientado.

Aunque no puedo prometerte escapar de ella,

aunque tampoco puedo prometerte escapar de ti,

prometo que lo voy a intentar, si es eso lo que anhelas,

prometo que lo voy a intentar.

6. *El ruido de las cosas*

El ruido de las cosas se escucha fuerte, intenso, como golpes incesantes que taladran mi mente hasta llegar a mis pensamientos.

Busco silencio, quiero silencio, todos buscan a alguien, yo busco a nadie, quiero refugio, refugio en pausa, refugio en pausa y en paz, donde el ruido no me encuentre, donde el ruido no entre.

Quiero soltar, quiero escuchar, pero no el ruido, ese sí prefiero evitar. Entra en mi sistema como si estuviera en huelga y allí para siempre se fuera a quedar.

Trato de respirar, le trato de hablar para ver si lo puedo callar, encontrar lo que busca, lo que lo hace gritar. No me habla, no me escucha, solo quiere pelear.

Él, como yo, busca refugio donde escampar, él como yo, quiere soltar. Me habita, lo habito, nos habitamos, pero hasta hoy no nos podemos aún mirar.

Sigo esperando que, como yo, encontremos dónde descansar, ese refugio que lo haga calmar, para que en la intimidad de mi mente podamos los dos por fin encontrar eso que nos hace gritar.

7. ¡Que te calles! ¡Cállate ya!

Suena el plato, suena el vaso, los cubiertos se golpean unos con otros, fuerte, intenso, sin dejar espacio para respirar.

El eco de las voces, todos hablan, aunque bajo, se escuchan como estruendos, alguien tose, entra una pavoneándose con sus tacones, tac, tac, tac. Tose otra vez, golpea su taza con el plato, en la mesa del lado discuten, parece que están a punto de terminar. Suena la música, aunque muy buena, el ruido caótico alrededor no la deja saborear. La máquina de café sopla fuerte y algo dentro de mí solo quiere gritar: "Que te calles, cállate ya", algo dentro solo quiere explotar, algo dentro solo quiere gritar.

La máquina de café vuelve a soplar y nuevamente algo dentro de mí quiere gritar: "Que te calles, cállate ya" Aunque grito, nadie parece escuchar, pero mi garganta se siente irritada, desgastada de gritar una y otra vez, "Que te calles, cállate ya" ….

Nadie parece escuchar.

8. Explorar

Ayer fue más fácil que hoy. Traté de parar, de escucharme, traté de habitarme conscientemente desde la confianza de lo que soy, pero también de lo que no soy.

Todos pueden explotar y explorar sus más profundas pasiones, ¿por qué yo no?

Me siento a veces derrotado, incompleto, insuficiente, después recuerdo que no hay tal cosa, no existe tal posibilidad.

Quiero escribir, pero cuando sostengo el esfero entre mis dedos, como mi mamá me enseñó tan tajantemente que se debe sujetar, nada sale, todo muere, llega el silencio, todo se apaga.

Me mudo, cambio de piel, la piel se estira como si se estirasen las membranas, duele, rompe, arde, quema, incomodidad absoluta, es todo lo que puedo pensar, pero a pesar del dolor de la incomodidad, no se hace del todo detestable sensación, aguanto, aguanto con una fuerza que incluso yo puedo admirar, desde mí, y desde otro lugar.

Y aunque las letras aún no expresan todo el sentir que el alma guarda, quiero confiar en ti, en mí, en todos, en todo, cerrar los ojos, caer sin mirar, volar sin rumbo, dejándole el rumbo al viento, dejándole el alma al cuerpo, para que, por lo menos, estando acá puedan juntas

25

explorar sus más profundos sentimientos, porque como el mar y el horizonte, no importa cuán lejos están, eternamente se pertenecerán.

9. *Todos los demonios*

Demonios me persiguen, no sé si siempre estuvieron. Son muchos, con diferentes colores, con diferentes formas, unos altos, otros más bajos, algunos invisibles, otros más que perceptibles.

Algunos se disfrazan de rabia, uno que otro se esconde detrás del dolor, todos igual de inocentes, todos igual de presentes,

gritan cuando no los veo, se desesperan al no encontrar respuestas, al final solo buscan hacerme ver, solo quieren hacerme escuchar que es mucho el peso que se les ha hecho cargar, también ajeno, igual que todo lo demás.

Al final somos iguales, con nombres distintos.

A ellos los llaman monstruos, monstruos sentenciados a espantar.

Al final siempre esperan a que alguien, con ojos de amor, vuelque estos hacia ellos y les deje descansar en paz.

¡Oh! Si tan solo pudiéramos ver,

que, como ellos, también nosotros podríamos descansar el día en que sin miedo a sus ojos pudiéramos mirar.

10. *Esperar sin des-esperar*

Esperar sin saber muy bien qué esperar, esperar sin buscar controlar, esperar sin saber cuándo ni cómo llegará, sabiendo también que tal vez nunca pasará.

Esperar que el tiempo pase sin ausentarse del todo de este lugar, esperar con los sentidos bien despiertos, sin dejarse alterar, saber esperar.

Saber que sea lo que sea que se espera, está también esperando porque alguien culmine el camino que le falta por andar, a sabiendas de que en algún momento este sinérgico encuentro, finalmente se dará.

Esperar segundos, minutos, horas, semanas, meses, años, medidas de tiempo que aún no se han terminado de nombrar.

Esperar sin des-esperar.

11. El pasado

¿Por qué todos hablan del pasado?, ¿será porque todos siguen viviendo en él?

Creen que avanzan, pero en realidad no avanzan, continúan caminando sin reparar en lo que vino a mostrar.

Los mira, ellos piensan que desde atrás, pero solo él sabe que no hay un atrás, tampoco un adelante, porque todo pasa en el mismo lugar.

Éste espera para asombrarse cuando ve que su paso no supo marcar, entonces decide, volver a empezar.

Él también se cansa de regresar, él también quisiera de una vez por todas descansar, pero, aunque harto de intentar, no tiene otra manera de parar.

Todos creen que avanzan, pero avanzar no es continuar, continuar caminando sin reparar lo que ese triste y miserable vino a mostrar.

12. Vivir sin respirar

Volví después de un tiempo de estar ausente.

Allí estaban todos, algunas caras conocidas, otras no.

Pensé:

—Todo va bien.

A medida que caminaba, mis pasos fueron perdiendo su firmeza.

Entonces pensé: ¡es ella otra vez!

¡Ignórala! Me dije, pero a medida que trataba de no pensar, ella se llenaba de fuerza.

Adentro, mi pecho quería estallar, mientras por fuera, buscaba desesperadamente la forma de mantener mi centro, y en mi cabeza, todas estas preguntas:

¿Lo ven?, ¿se ríen?, ¿los estaré ofendiendo?, ¿cuánto más dura esto?, ¿cómo hago que pare?

Finalmente entendí que una vez más, ella había ganado, tenía el control y ya era poco o nada lo que podía hacer para recuperarlo.

Y allí estaba yo, otra vez olvidándome de mí.

13. Vivir sin respirar vol. II

Era un día normal, para alguien normal.

Caminaba mientras era la observadora de un montón de pensamientos que no parecían míos, pero sí se sentían míos, los podía observar claramente uno tras otro, ver cómo el uno traía al siguiente.

Levanté la mirada y venía caminando hacia mí, creí poder ignorarla, entonces miré arriba para ver si las nubes aún seguían mis pasos. No estaban.

De repente comenzó el suplicio, allí estaba yo,

encerrado en una jaula hirviendo, sin salida, por dentro todo eran llamas, algo gritaba desesperadamente, nadie escuchaba.

Entonces, supe sin dudar, era ella, y ya no podía continuar.

14. Normal no es nada

Los días transcurren en calma, mientras en mi mente se anticipa una batalla.

Todo pareciera normal, pero normal no es nada.

Explosiones, bombardeos, gritos desesperados que quieren ser escuchados,

¡vocaliza! ¡No entiendo nada!

Todo pareciera normal, pero normal dentro no es nada.

Luego, todo se torna oscuro y el ruido se apodera del alma.

Quiere que la escuchen, quiere que la sanen, pero dentro solo se escucha una batalla.

Nadie entendería cuán fuerte grita.

Mientras allí dentro, solo se libra una y otra vez la misma eterna batalla.

15. *El vacío insoportable de la nada*

Los colores más opacos.

Las canciones más tristes.

Los anhelos más profundos.

Los poemas más dulces.

Las historias de amor.

Las flores.

Los planetas.

Las nubes y sus viajes.

Los cielos más estrellados.

La neblina.

Los animales y el mar.

Que la nada es el vacío,

y que el vacío pesa,

pero, ¿de dónde nacen ellas, si no es de la nada?

¡Qué difícil no hacer nada!

Y si no gasto el tiempo en nada, ¿de dónde nace todo?

¡Qué difícil no hacer nada!

Sentir que es tanto, pero ni tanto, ni nada,

nunca será suficiente.

16. Poema a mi cuerpo

Muy pocas las certezas que se pueden abrazar.

De esas, tú.

Quise mucho odiarte.

Te miraba sin reconocerte.

Estabas, pero no te habitaba.

Te culpé por el vacío y todo lo demás.

Encontré algo de alivio castigándote.

Arrancarme la piel parecía tener más sentido cuando tu dolor dejó de sentirse mío.

Herirte, matarte una y otra vez, ya nada importaba, solo pesaba existir,

yo/tú/nosotros.

No importó cuánto, aguantaste.

Tu fuerza nos sostuvo, tu devoción ahora es nuestra,

tu paciencia y amor, grandes maestros.

Atravesar la incomodidad, entenderla, amarla.

Aún nos falta camino, hoy lo quiero caminar contigo.

Hoy te veo, me veo, nos reconozco.

Aprender a amar, dejarme habitarnos para jamás volver a soltarnos.

17. La parte que me duele más

Te extraño al saber que no estás, dudo cuando te veo regresar.

Algo te quiere tener, entonces volteo y no estás.

Una parte respira en paz, pero la otra no soporta soltar.

Vuelvo a intentar, con la ilusión de que ahora sea real.

Cuando vuelves, vuelvo a dudar.

Creo que es la permanencia la que me impide continuar,

Pero como sea, cada día es un nuevo despertar.

Hoy me gustas, y ¿si mañana no?

¿Cómo te digo que me quiero marchar?

Pero entonces tal vez serás tú quien no quiere regresar,

y esa otra parte se desgarrará.

Y aunque engrandecida, equivocada, llena de miedo, trastornada está, es aquella (parte)

la que me duele más, y si ella se desgarra, todo dentro morirá,

y si supiera que esto termina acá, entonces querría por fin acabar,

pero acá no será, porque somos víctimas de ese eterno retorno que no conoce de piedad.

18. ¿Qué almorzaste?

Supe que ya sonríes,

y que ya no te cuesta respirar.

Que incluso ahora a los ojos puedes conectar.

Que ahora la vida tiene más color y que a veces brilla.

Supe que la música te hace suspirar,

y que los días, aunque largos, a veces puedes disfrutar.

Que hasta en familia quieres estar, y si te pregunta

—¿Qué almorzaste? Sientes un rocío de bienestar.

Quiero decir que me alegro, pero no es verdad.

Supe que ahora logra disfrutar de esa parte, que, entre sueños,

quise conquistar.

19. *Maldito el tiempo*

Maldito el tiempo que nos hace afanar,

maldito el tiempo,

no me deja disfrutar.

Aunque contigo todo es libertad,

él lo condena al final.

Maldito el tiempo que me obliga a avanzar,

y yo solo me quisiera quedar.

Maldito el tiempo que se va cuando te quiero abrazar,

y me da la sensación de siempre querer regresar,

incluso, cuando nunca supimos cómo amar.

20. Solo quiero soñar

Dicen que amo mucho, que a veces soy muy trascendental.

Que cuento las nubes como si las pudiera alcanzar.

Dicen que el tiempo es poco para sanar y que, de detalle en detalle,

me suelo quedar, que es un problema y no una cualidad.

A veces no sé qué pensar.

Trataron de enseñarme a pensar, también a amar.

Al final, yo no sé de practicidad.

Prefiero vivir 10000 años sintiendo y sintiendo mucho más.

No importa cuántas lágrimas vaya a derramar, mientras vengan con verdad, es allí donde quiero navegar,

es allí donde me decido ahogar.

21. *Amar sin manual*

Amar sería más fácil si tuviera un manual.

Amar sería más fácil si supiera perdonar.

Amar sería más fácil si aún estuvieras acá.

22. Debí dejarte respirar

Debí dejarte respirar,

pero nadie me enseñó a amar.

Pude dejarte escapar, pero mi alma se negó a soltar.

Pensé en dejarte huir, para que así tal vez, quisieras re-gresar.

Nada supe cómo hacer, y ahora que el hartazgo te envol-vió y decidiste marchar,

entiendo que tal vez era yo quien se había olvidado de respirar,

tu partida hizo lugar.

23. Mejor olvidar

Dura de alcanzar,

imposible sujetar,

cuando crees tenerle, es cuando menos está.

No sabe cómo gestionar, ni cómo o por dónde empezar.

Es un suspiro efímero y fugaz.

Y aunque muchos buscan saborear,

es más fácil olvidar.

24. *Nunca otro igual*

Unos blancos, otros grises.

Algunos largos, otros más.

A veces llueve, a veces quema, a veces también el color vuelve a brillar.

Nunca adivinarías cómo será, solo sabes que no se repetirá.

Si te sientes bien, grábalo en tu memoria, para que tal vez, algún día,

puedas regresar.

Solo fluye de uno a otro, y muchos más como este vendrán.

25. A M A R / L L O R A R

Ama con cada letra, si no para qué llorar.

Llora con cada glándula, si no, para qué amar.

26. Nuevos sentires

—Pensé que se sentía distinto.

Dije.

—No, así es como se siente.

Respondió.

—No es tan diferente tampoco.

Contesté.

—Respira y sostenlo, así podrás volar.

Agregó.

27. *Bendito el tiempo*

Quédate allí, nadie sabrá,

para un momento, nada malo pasará.

Respira un poco, al final todo acabará.

Gracias al bendito tiempo que siempre nos trae un final.

28. El silencio

Se oía fuerte, se oía grave,

algo allí, pedía quedarme.

Me distraía, se hacía insoportable.

Gritaba que me quedara,

quería que aguantara,

sabía lo que aguardaba...

Yo no sabía lo que buscaba...

A solas me encontraba,

sentía que me arañaba.

Dolía tanto que lo odiaba...

Fueron años, muchos años.

Me buscaba, no me encontraba,

entre sombras me esfumaba.

Venía, yo me iba.

Con el tiempo fui callando,

a medida que callaba, más lo escuchaba,

ya no gritaba, ya no arañaba,

sus gritos, ahora susurraban,

el ruido ahora arrullaba,

su voz, ahora abrazaba,

no sabía lo que buscaba,

pero allí encontré aquello que me esperaba.

Su paciencia, mi maestro,

mi paciencia, nuestra victoria,

su espacio, mi refugio,

refugio donde me encuentro,

me encuentro por fin en calma.

29. *Vivir sin existir*

Sentir que estoy, pero no estoy,
a medias estoy…
Sentir que voy, pero sin ir,
a medias, no voy…
Sentir el aire, pero no respiro,
a medias me ahogo…
Estoy, pero no estoy,
soy sin existir, existo a medias,
vivo sin vivir…

30. Aún allí

Sobrepienso mientras pienso.

Divaga mi mente de pensamiento en sentimiento.

Pienso, pienso y después sobrepienso.

Divaga mi mente, salta de uno a otro hasta que en ellos me pierdo.

Pienso y pienso, hasta que por dentro me duermo.

Navego de sensación en recuerdo para darme cuenta de que aún allí dentro,

te pienso, aún allí dentro, sigo navegándote de recuerdo en recuerdo.

31. Hace mucho

Hace mucho eres recuerdo,

hace mucho eres invierno,

hace mucho que no estás... (silencio)

y yo, todavía te siento.

Te siento como aquel último invierno,

distante, inalcanzable, difuso e inestable, frío,

pero agradable.

Aquellos ligeros rocíos de calor,

eran suficiente para calentarme,

para querer quedarme.

Abrazaban mi corazón ansioso y también, aunque por poco,

mi sistema nervioso.

Hace mucho ya de aquel invierno.

Hace mucho que ya eres recuerdo.

Hace mucho que no estás,

y yo... (suspiro).

Todavía te siento.

Y aunque por poco, mi corazón y mi sistema nervioso,

después de tantos infiernos,

aún hoy, (silencio seguido de un suspiro)
pueden sentir tu recuerdo.

europa
ediciones